U0112110

大展好書　好書大展
品嘗好書　冠群可期

大展好書　好書大展

品嘗好書・冠群可期

運動精進叢書 18

籃球個人技術全圖解

張　雲
馬振洪　編著

大展出版社有限公司

國家圖書館出版品預行編目資料

籃球個人技術全圖解 ／ 張　雲、馬振洪 編著
－初版－臺北市：大展，2008【民 97・09】
面；21 公分－（運動精進叢書；18）
ISBN 978-957-468-633-9　（平裝；附影音光碟）
1.. 籃球
528.952　　　　　　　　　　97012837

籃球個人技術全圖解(附 VCD)

編　　著／張　雲　馬振洪
責任編輯／佟　暉
發 行 人／蔡森明
出 版 者／大展出版社有限公司
社　　址／台北市北投區（石牌）致遠一路 2 段 12 巷 1 號
電　　話／(02) 28236031・28236033・28233123
傳　　真／(02) 28272069
郵政劃撥／01669551
網　　址／www.dah-jaan.com.tw
E - m a i l／service@dah-jaan.com.tw
登 記 證／局版臺業字第 2171 號
承 印 者／傳興印刷有限公司
裝　　訂／承安裝訂有限公司
排 版 者／弘益電腦排版有限公司
授 權 者／北京體育大學出版社
初版 1 刷／2008 年（民 97 年） 9 月
初版 3 刷／2013 年（民 102 年） 5 月　　　　　定價／300 元

目　錄

一、球　性

二、移　動

三、投　籃

七、籃下進攻

籃球個人技巧全圖解

目

錄

球場尺寸

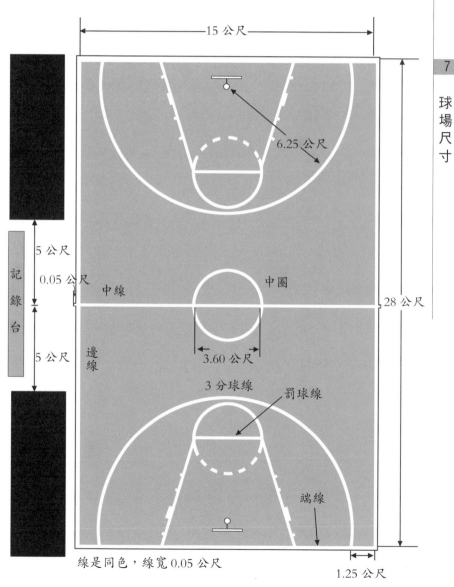

線是同色，線寬 0.05 公尺

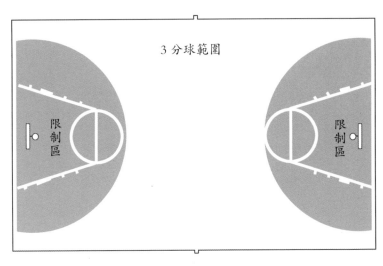

3分球範圍

限制區

限制區

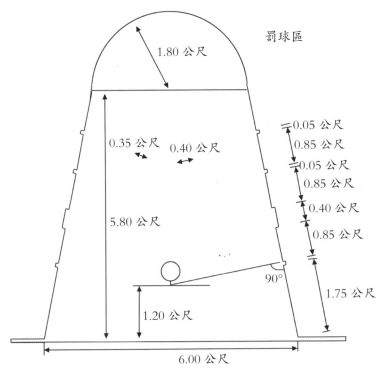

罰球區

1.80 公尺

0.35 公尺   0.40 公尺

5.80 公尺

0.05 公尺
0.85 公尺
0.05 公尺
0.85 公尺
0.40 公尺
0.85 公尺

90°

1.75 公尺

1.20 公尺

6.00 公尺

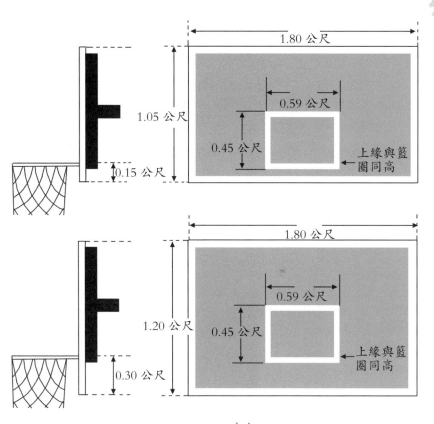

1.80 公尺

1.05 公尺

0.59 公尺

0.45 公尺

0.15 公尺

上緣與籃
圈同高

1.80 公尺

1.20 公尺

0.59 公尺

0.45 公尺

0.30 公尺

上緣與籃
圈同高

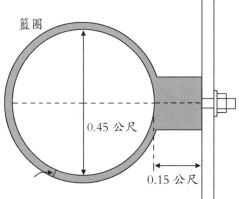

籃 圈

0.45 公尺

0.15 公尺

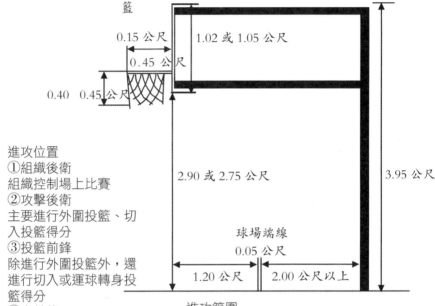

籃

0.15 公尺　1.02 或 1.05 公尺

0.45 公尺

0.40　0.45 公尺

2.90 或 2.75 公尺　　3.95 公尺

球場端線
0.05 公尺

1.20 公尺　2.00 公尺以上

進攻位置
①組織後衛
組織控制場上比賽
②攻擊後衛
主要進行外圍投籃、切入投籃得分
③投籃前鋒
除進行外圍投籃外，還進行切入或運球轉身投籃得分
④大前鋒
在角上投籃或搶籃板球投籃得分
⑤中鋒
在籃下密集範圍投籃和搶籃皮球投籃得分

進攻範圍
與位置沒有關係，在外圍進攻的隊員稱外圍隊員
在籃下範圍進攻的隊員稱中鋒
籃下範圍是內線得分圈，進攻隊在這些範圍安置隊員是創造得分機會的條件

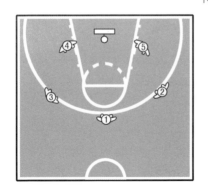

籃下

外側範圍　籃下範圍

一、球　性

　　球性是指手對球的感應能力、控制球能力和手指手腕的集中爆發用力的能力。表現於接、傳、投、運球時手指手腕「抖（腕）、翻（腕）、粘（球）」的技巧熟練程度和爆發力量。球性是熟練掌握籃球技術的重要環節，應練到「熟練自如，得心應手」的程度。

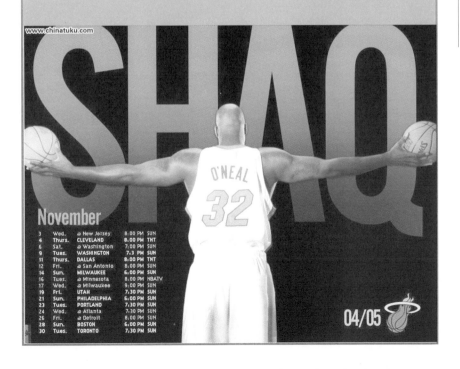

（一）身前兩手相互傳接球練習

　　傳、接球時，兩臂始終伸直，隨時改變球和兩臂的高度（上至頭，下至腳），隨時改變傳、接球的速度。例如由慢到快、由快到慢，或始終保持最快的速度。

(二)雙手互傳環繞身體

1　　2　　3　　4　　5

1　　2　　3　　4　　5

1　　2　　3　　4　　5

13

一、球性

(三)原地交換抬膝繞8字傳球

1   2   3   4   5   6

(四)單手運球

(五) 胯下8字繞球

(六) 胯下運球

1

2

3

4

二、移　動

　　移動是籃球比賽中隊員爲了改變位置、方向、速度和爭取高度而採用的各種腳步動作的統稱。進攻中移動，目的是爲了擺脫防守去完成選位、切入、接球或是迅速合理地完成傳球、投籃、運球、突破等進攻技術。防守中運用移動，目的是爲了保持或搶占有利位置，防止對手擺脫，或是及時果斷地搶球、打球、斷球或搶籃板球。

（一）跑　動

1.側身跑

　　一般側身跑是人向前跑而面部和上體卻向球的方向側轉，便於隨時觀察球的動向。它是切入時便於接球和搶位的一種跑動。

　　其要領是：面對球轉體側肩，向籃右側（切入）跑時，左膝深屈，右腳用力蹬地，重心左傾，左肩在前。

　　●面向球轉體切入方向的內側腿深屈，外側腳用力蹬地，重心內傾。

　　●外線隊員弧線跑縱切和內線隊員弧線跑橫切。

2.變向跑

　　①在跑動中若向右變方向，在左腳著地時，腳尖稍微向右，並用力蹬地。

　　②上身同時向右轉，跟著右腳迅速向右踏進，重心即轉移至右方。

1　　　　　2　　　　　3

1　　　　2　　　　3　　　　4

1　　　　　2　　　　　3

● 面向球轉體，切入方向的內側腿深屈，外側腳用力蹬地，重心前傾。

● 外線隊員弧線跑縱切和內線隊員弧線跑橫切。

關於籃球場上的跑位

籃球運動是一項引人入勝的體育競賽項目，許多人不但喜歡坐在電視螢幕前或體育館的看台上欣賞那激烈爭奪的場面、出神入化的球技、球員健美的風姿，而且樂於親臨球場一試身手。然而，許多人在球場上一跑起來就感覺有點彆扭、不協調，甚至一些受過良好訓練、跑姿優美的田徑運動員到了籃球場上也失去了往日瀟灑的風采，跑得僵硬、笨拙。

其原因是籃球運動員跑動的特點大多是前進的方向與身體的朝向不一致。

無球的進攻隊員的跑動方向總是向著目標「籃」或一定的戰術區域，而眼睛總是瞄著「球」，以保持隨時準備接球進行攻擊的姿勢；進攻隊員在跑動時要用身體

頂、擠對手來保護球，或隨時用變化跑動方向來擺脫對手；防守隊員的跑動則通常是背對球和對手，向身體後方和側後方做側身的交叉步跑。這樣的跑動就不能像單純為追求速度的田徑場上的跑動那樣直著腰板，足尖向後蹬地，上體正對前進方向。

而是要用籃球運動員專門的跑動方法：

上體側身，以異側肩向運動方向前傾（以便面對球或以肩背頂擠對手），使身體重心低而靠前，雙腳用力部位通常在一隻腳的內側前腳掌，另一隻腳的外側前腳掌，且腳趾要有力地抓住地面，兩腳用力要儘可能的保持交替的水平後蹬和大腿積極的前跨，使步幅大、重心低，這種姿勢才能急停、變向自如，在弧線跑動中保持較快的速度，以適應籃球比賽的需要。

(二) 急　停

急停可以直接甩開防守對手。各種腳步動作的變化，幾乎都由急停動作來銜接和過渡。因此，急停動作的好壞，直接影響其他腳步的質量。

1. 跨步急停

① 一腳著地時，腳後跟迅速過渡到全腳的同時屈膝，另一腳用前腳掌的內側抵住地面，以減低前衝力。

② 身體同時稍後仰兩腿彎曲，重心稍微後移。

③ 同時上體稍向前傾，重心轉移到兩腳之間，兩臂屈肘自然張開，幫助控制身體平衡。

運 用

● 對付緊逼防守時，在快跑中用跨步急停甩開對手。

2. 跳步急停

① 雙腳或單腳擦著地面起跳，上身微微向後仰以減底向前動力。

② 當雙腳著地時，雙膝同時微屈以減低撞擊力及降低重心。

③ 雙腳前腳掌內側用力抓住地面，兩臂屈肘微張，重心在兩腳之間，以保持平衡。

● 利用跨步急停主動接近防守人，為突破創造條件。也可用跳步急停接球，以便兩腳都能做中樞腳，迅速做轉身突破。

(三) 轉　身

1. 前轉身

一腳從中樞腳前面跨過叫前轉身。

　　向右做前轉身時，右腳為中樞腳，重心移到右腳，左腳前腳掌用力蹬地，右腳以前腳掌為軸用力碾地，上體隨著左腳轉動以肩帶腰向右轉動。左腳蹬地後迅速從右腳前面跨過落地。轉身過程中，身體重心要在一個水平面上，不能上下起伏，轉身後，重心應轉移到兩腳之間。

　　● 中樞腳腳跟稍為提起，前腳掌要用力碾地，腰、肩轉動和跨步要迅速，身體不要上下起伏，重心要平穩。

運 用

● 背向籃和防守人，持球前轉身突破、跳投和傳球，或前轉身後用同側步或交叉步切入或突破。

● 背向籃運球橫切和側向籃運球突破，或者急停前轉身跳投。

2. 後轉身

一腳從中樞腳後面跨過叫後轉身。

向右做後轉身時，右腳為中樞腳，重心移到右腳，左腳前腳掌用力蹬地，同時右腳前腳掌為軸用力碾地，上體隨著移動腳轉動，以肩帶腰向後改變身體方向。左腳蹬地後，迅速從右腳後面跨步落地。身體不要上下起伏。

後轉身突破時，轉身後，中樞腳迅速用力蹬地起動；策應或後轉身跳投時，轉身後重心放在兩腳之間，以便迅速起跳和銜接下一個動作。

4   3   2   1

●中樞腳用力碾地，另一腳蹬地，同時轉胯轉肩。轉身要快，身體不要上下起伏。

●利用後轉身擺脫防守或運球突破，必須貼緊防守人，中樞腳插在防守人兩腳間，以便後轉身之後獲得有利位置。

(四)跨 步

跨步是攻擊和擺脫防守的一種步法，也是原地做假動作，以引誘防守人錯位或失掉重心時的一種步法。

向同側跨步即做同側步（順步），左腳做中樞腳，右腳向右跨步時，左腳前腳掌內側蹬地，右腳跨出大半步，

落地時腳尖向前，兩腿保持屈膝，使身體保持平衡穩定，上體前傾右轉，探左肩以保護球。無球時同側跨步不轉肩，以便改變方向起動。向右跨步時，動作相反。

擺動腳向異側跨步叫做交叉步，左腳做中樞腳，左腳前腳掌碾地，右腳用力蹬地向左側前方跨出，落地時右腳尖要向前，體重移到右腳，上體左轉，右肩前探，以便搶位和保護球；起步切入時，中樞腳要第二次蹬地以加速。

●跨步動作要快。兩腿屈膝，一腳跨出後，腳尖指向前進方向，以便蹬地加速起動或蹬地回收。突破時，注意中樞腳第二次蹬地加速起動。

●徒手正對防守人，利用同側步晃動變交叉步突破，或利用交叉步晃動變同側步突破，或利用上步變後撤步再變同側步突破。

●搶前場籃板球時，利用跨步虛晃，搶占有利的位置。

(五)防守步法

1. 滑步

① 雙腳分開至約肩寬距離，雙膝微屈，重心降低併在兩腳間，兩肘向外抬高至胸部水平，上身稍前傾。

② 若向右滑動，左腳前腳掌內側蹬地發力。

③ 同時右腳向後跨出，在右腳著地時，左腳迅速跟隨

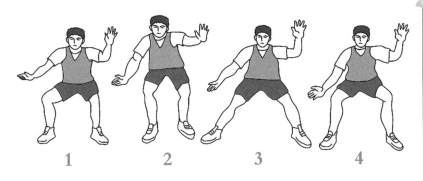

1 2 3 4

滑行。

④跟著依次重複以上動作。滑步時身體保持平穩，不要起伏。

 要 點

●兩腳配合協調，動作迅速。保持屈膝低重心，腰要柔韌有力。

運 用

●全場或半場一對一防守移動時，控制防守面積，使對手難以擺脫。

教你撤滑步防守

撤滑步防守是一項攻擊性較強的防守移動技術，當對方企圖從防守者前方或某一方向突破時，防守者利用撤滑步控制對方，搶占有利位置，破壞其突破路線。

撤滑步的關鍵是：撤步的步幅和步速，撤步的方向和後續滑步的步頻，以及身體重心的控制。撤步的步幅要

大，步速要快，以達到領先搶占位置（撤步要搶在對方跨出的前腳的稍前方），控制並破壞對方突破路線的目的。

為了加大撤步的步幅，撤步動作應以髖關節為轉動點，使骨盆繞一側髖關節的垂直軸做側向轉動，增大第一步的步幅，同時撤步腿大的大腿在充分外展的基礎上伴以適度旋外，以增大撤步的步幅。撤步的方向要根據對手的情況而定，一般控制在與突破路線成 45 度角的方向，角度過大，容易造成阻擋犯規，角度過小，控制不住

對手，使撤滑步變成了後撤步。

後續滑步的步頻要快，後續步要快速蹬地，並伴有一定程度的碾轉，在撤步腳著地瞬間，要快速跟隨，向移動方向滑動，並保持防守的基本姿勢，以保證後續防守移動的機動性和靈活性。撤滑步時要保持屈膝，上體稍前傾的身體姿勢，不能因

為撒步而上體後傾，以致失去對身體平衡的控制。

在後續滑步時，不能併腿，以免身體重心在滑動中有較大的上下起伏，影響滑動速度。採用撒滑步防守時，絕對不允許對方直線突向籃圈方向，至少應該迫使其沿籃圈在地面投影點的 40～50 度角的斜側方向突擊。

2. 交叉步

① 與滑步同。

② 若向右移動，左腳前腳掌內側用力向內側蹬使重心移向右腳。

③ 接著，左腳在右腳右前方，兩腳成交叉狀（稱為前交叉），上身稍向右轉。（注：如左腳向右蹬在右腳右後方，則稱為後交叉）

④ 當左腳著地時，右腳迅速地向右跨步，動作要快，身體需保持平穩。

⑤ 在練習時，可只單一作前交叉或後交叉的步法，亦可交替作前交叉及後交叉的步法。

3. 攻擊法

這是防守者用於搶、打、斷球和造成持球人動作困難的一種腳步動作。

當看到進攻者暴露球時，後腳迅速用力蹬地，前腳向前跨步。前腳落地，後腳的前腳掌碾地，後腿屈膝接近地面成箭步，前腳同側手伸出打球，重心控制在腰部，以便向後移動，重新選擇位置。

做攻擊步後，接做前滑步成平步緊逼防守。

當對方剛剛接球或運球後停球時，後腳用力蹬地，前腳迅速跨出，後腳緊跟跨上一步，緊貼進攻人成平步防守。重心下降，兩腳分開要大些，兩手搶、打球，或緊逼封、堵對手投、傳、運球的動作，造成他的困難。如未搶、打到球或對手運球突破時，迅速根據他的移動方向做側滑步或後撤步，保持正確防守位置。

●動作要突破、迅速，腰部要用力，重心要下降，不要前傾。

●進攻隊員剛接到球或運球後停球一剎那，防守隊員常用此步法向前搶、打球，造成對手慌亂、失誤，或使其投籃、突破和傳球發生困難。運用攻擊步做短距離起步斷球時，要看準對手剛接到球的時機，如果攻擊失效，要迅速做後撤步，以保持有利的防守位置。

1

1

2

2

3

3

三、投 籃

　　投籃是籃球運動的主要進攻技術，是得分的
唯一手段，一切技術、戰術運用的目的，都是爲
了創造更多、更好的投籃機會，力爭投中得分。
隨著現代籃球運動的發展，隊員必須掌握多樣的
投籃技術，並且要具備在快速移動和高強度對抗
條件中完成投籃技術。

姿　勢

要想投得準，首先要姿勢正確。記住檢查要點，在不習慣的時候經常反覆檢查和修正投籃動作，養成一個下意識的正確投籃姿勢的習慣。

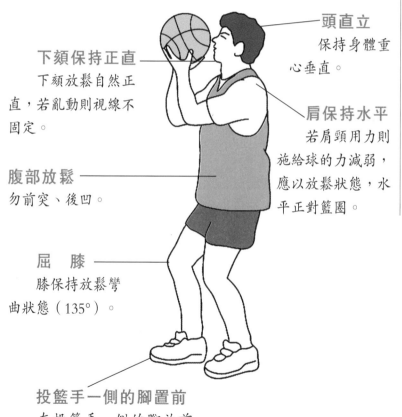

下頦保持正直
下頦放鬆自然正直，若亂動則視線不固定。

頭直立
保持身體重心垂直。

肩保持水平
若肩頸用力則施給球的力減弱，應以放鬆狀態，水平正對籃圈。

腹部放鬆
勿前突、後凹。

屈　膝
膝保持放鬆彎曲狀態（135°）。

投籃手一側的腳置前
在投籃手一側的腳放前方，兩腳前後間隔 20 公分，左右分開與肩同寬。

要 點

● 在姿勢中，最重要的是保持膝蓋關節放鬆，彈跳時自不用說，就是前後左右移動時若不屈膝則移動遲緩，例如在投籃時，①以屈腿狀態接球的同時投籃得分；②邊接球邊屈膝投籃；③接球之後隨之屈膝投籃。這三種儘管只是瞬間的動作，但速度上有差異，所以要常常使膝部保持彎曲的狀態。

（一）投籃4要素

1. 正確的手法

（1）持球方法

手腕後仰，五指自然分開，用手掌外沿及指根以上部位托住球的後下方，手心空出，球的重心落在食指和中指之間，肘關節自然下垂，球置於同側肩的前上方。

（2）投球手和扶球手

我們一般把投籃的手稱為投手，另一隻手叫做輔助手或扶球手。扶球手扶住球的稍側部分來支撐住球。

（3）球的出手方法

球絕對不是單靠力量去推，而是在自下而上協調蹬地用力的同時，抬肘伸臂、抖腕撥指將球彈出，這種球就會旋轉著輕鬆地投向籃筐。

用手指持球

　　球兩側的二字線橫放在地板上，把投球手的手腕對準球正上方的線，然後用力分開手指用手握球。

　　兩手的大拇指間隔 6～9 釐米。

　　從指根到指尖的順序出手。

① 手指根。

② 第 2 關節。

③ 最後是食中指。

2.瞄　籃

在投空心籃時，通常以籃圈前沿為瞄準點，碰板投籃的瞄準點在籃板正面；投籃距離遠碰板角度小，應相應提高瞄籃點；如投籃距離近，碰板角度大，瞄準點則相應降低。

遠投時拇指對準臉。

籃下投籃採取伸臂姿勢。

視線集中在籃圈中心點。

(1)持球的位置

在一定的位置上採取合理的持球姿勢，是穩定投籃得分的條件。若在比罰球線還遠的距離投籃，大拇指要對準臉的一部分。在籃下跳投時，採取臂向上方伸的姿勢。

(2) 瞄　　籃

看整個籃圈則難以投中，集中盯住籃圈的一點是很重要的。所謂一點是指圈中心點，我們還是以使球輕輕地穿過籃圈為目標。

(3) 呼　　吸

在投籃瞬間屏息（停止呼吸）把球投出，呼氣或吸氣都易使身體晃動、方向不穩。

3. 飛行弧線

投籃出手球要有正確的飛行弧線：球飛行的弧線過高或過低都會影響命中率。它取決於投籃出手的角度和出手速度，同時與投籃距離和出手高度有關。投籃弧線不可能

是一種模式,練習時要善於從實戰出發,掌握規律,找出投籃準確時的感覺,多投多練,熟能生巧。

4. 球的旋轉

球的旋轉直接影響投籃命中率。球的不同旋轉方向和速度主要取決於腕指的最後用力。投籃出手後,球的旋轉都應是向正後方向(下旋)。後旋能增加球的飛行速度,保持合理的飛行弧線,並且在觸及籃板或籃圈後沿時,也有利於反彈落入籃圈。如果球不是正下方旋轉,而是側旋,則表明投籃時五指撥球用力不一致。

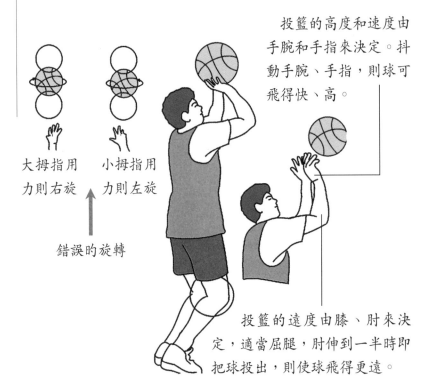

大拇指用力則右旋

小拇指用力則左旋

錯誤的旋轉

投籃的高度和速度由手腕和手指來決定。抖動手腕、手指,則球可飛得快、高。

投籃的遠度由膝、肘來決定,適當屈腿,肘伸到一半時即把球投出,則使球飛得更遠。

（二）原地單手投籃

　　隊員在擺脫防守接球的同時調整重心（以右手投籃為例），右手五指分開，向後屈腕、屈肘持球於肩上（或高

些），左手扶球，右腳稍前，左腳稍後，重心放在兩腳之間；上體稍前傾，兩膝微屈，上體肌肉放鬆，目視投籃目標。投籃時，用力蹬地，伸展腰腹，抬肘，手臂上伸，手腕、手指前屈，指端撥球，用中指、食指將球投出，手臂向前自然伸直。

單手原地投籃是比賽中應用比較廣泛的投籃方法，是

4

投球手臂貼臉伸臂，則球呈45°角上升。

屏氣投籃，視線集中於籃圈前沿。

3

手臂伸至一半位置時，抖腕、彈指，球出手。

2

從45°角的側面，對準籃板四角形的上角，以45°角度碰擊擦板投籃。

1

置球於額上方（籃下置球於頭上），前臂垂直於地面。

膝充分彎曲（135°，在籃下則彎曲120°～130°），兩腳比肩略寬。

行進間單手高手投籃、跳起單手肩上投籃等技術動作的基礎。它具有出手點高，便於結合和轉換其它進攻技術動作，在不同距離和位置均可應用。

輕鬆自如地罰球

　　確定的距離、相同的位置、無防守狀態下的投籃，一場比賽中一個隊至少有 10 次以上罰球機會，但 100%罰中的隊卻很少，所以，因罰球未中而輸掉比賽的情況也不少見。

手背與地面平行，在還不習慣的時候，用手腕向外側屈 90°的持球方法也可以。

6　　5　　4　　3　　2　　1

● 男子單手投籃，女子因手小需牢牢地抓球，雙手也可以。

● 裁判員遞過球來之前，決定投籃地點並確認籃圈。

● 頸、肩、手腕、指若用力過猛是絕對不會投進，重要的是身體不要用力，要放鬆。

● 也不要長時間地盯視籃圈，在 5 秒規定時間內投籃。

(三)原地雙手投籃

1.原地雙手胸前投籃

擺脫防守接球的同時，持球於胸前（或高些），肘關節自然下垂（不要外展），上體稍前傾，兩膝微屈，身體重心放在兩腳之間，目視投籃目標。投籃時，兩腿蹬地，腰腹伸展，兩臂上伸，拇指向前壓送，兩手腕同時外翻，

1   **2**   **3**   **4**

指端撥球，用拇指、食指、中指投出，腿、腰、臂自然伸直。

2. 原地雙手頭上投籃

雙手持球於頭上，兩肘自然彎曲，兩腳前後分開，兩腿微屈，身體重心落在兩腳之間。投籃時，兩臂向前上方伸展，兩手腕同時外翻，拇指稍用力下壓，指端撥球，用拇指、食指、中指投出，腿、腰、臂隨出球自然伸直。

1   2

雙手 3 分投籃

從 3 分線外側的投籃，控制住球的飛行是很必要的。對男隊員來說，最好用單手投籃，但手小的女隊員，為了很好地持球，用雙手進行投籃的情況也是很多見的。

④球出手的位置在額的正上方，用兩手的拇指使球反轉，迅速翻手把球投出。

③用雙手握住球的稍後部，拇指間隔7～9公分。

②持球於胸和下頦之間，與腋下保持約1個雞蛋的間隔。

①兩腳距離略比肩寬，投籃手一側的腳前置15～20公分，重心落於兩腳中間。

2

1

⑤球出手後，兩臂內側要貼臉，使臂充分伸直送球至籃圈。兩手的拇指和食指併成鶴嘴狀，最後撥球是用食指的內側。

4

3

要 點

● 出手若晚是因給球的力不足，這部分力就要用身體和腳蹬地來補充。因此，對於在練習中前腳往前進多少為宜，要加以注意，若是 20 公分以上則是球出手有問題。

● 鶴嘴：兩手拇指和食指併起來的理由是為防止兩手分開伸臂，施加給球的餘力分散。

● 是否投中的感覺是靠從食指內側的神經傳給大腦的，所以經常要集中注意去練習，進步才能快。

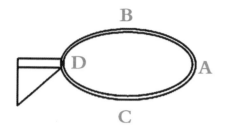

籃圈的目標

● 把位於 5.25 公尺以上遠處的籃圈畫成 4 等份來看，需要精細的視線。一般情況下，要瞄準籃圈的前緣 A 進行投籃訓練。

球的旋轉與飛行弧度

● 球投到籃圈的時間平均約 1.3～1.5 秒，超過則弧線過高，相反則弧線過低。

● 投 3 分籃時，一般的球旋轉 2.5～3 圈左右。

● 因距離遠，有很多隊員不自覺地想用力投球，可是越依靠力量越投不到。膝、手腕、指配合要一致，柔和投籃則球就會旋轉前進。

投籃姿勢

● 持球於胸，下頰之間最好，若持球過高則很難看到防守隊員的動作，過低則投籃要花多餘的時間。

● 腋下有夾一雞蛋大的間隔，若過寬則某一側的手就會用力過大，球就會出現偏離正確飛行路線的情況。

球出手要點

最重要的是球出手位置和用兩手拇指使球後旋投出。要領是在臉的正上方、額頭部分，早一點翻手把球投出。

球的持法（抓法）

● 拇指間隔窄球容易滑落，過寬則難於控球，7～9公分最合適。

● 拇指與食指的間隔是食指與中指間隔的一倍以上。拇指和食指的用力，同無名指和小指相比要遠遠超過，所以若拇指與食指的間距過窄，則施加給球的力量就不會平均，也不好控制。

（四）跳 投

在擺脫防守接球的同時，注意調整腳步和重心，持球於胸前（近距離投籃時，為了提高出手速度，也可以將球舉在肩上或頭上），兩腿彎曲，臉和腳尖向籃，上體肌肉放鬆，目視投籃目標，並觀察判斷防守隊員的意圖和他與自己的距離。起跳時，可運用併步、橫跨步或後撤步起跳。向上舉球和起跳的動作要協調一致，跳起騰空後，身

體要保持平衡，跳到最高點或接近最高點時把球投出（與單手肩上投籃相同，但前臂和手腕用力要大些），手臂向出球方向自然伸直。

出球點的高低，可根據運動員的身高、彈跳力等情況，在訓練中選擇運用。跳到最高點出手，高度高，但因空中停留時間長，消耗力量大；接近最高點出手，高度稍低，但爭取了時間，力量消耗小。

跳投的關鍵是向上舉球和起跳動作協調一致，利用身體在空中最高點剎那間的穩定迅速出手。另一種跳投則要求身體騰空和投籃出手協調一致。

●跳起投籃出手時，下肢和上肢要協調用力，動作連貫，將手腕「屈送」出，而不是「硬屈腕」，使球柔和向正後方旋轉。原地跳起要穩和直，身體不要刻意後仰，舉球應在頭的右前上方。

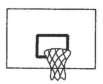

（五）上　籃

1. 低手上籃

　　進攻隊員在突破中已經超過對手時，最好運用低手上籃。因為低手上籃重心低，速度快，命中率高。右手投籃時，一般右腳騰空接球落地，接球後的第一步稍大，然後

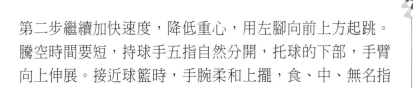

第二步繼續加快速度，降低重心，用左腳向前上方起跳。
騰空時間要短，持球手五指自然分開，托球的下部，手臂
向上伸展。接近球籃時，手腕柔和上擺，食、中、無名指
向上撥球，碰板或空心投籃。

2. 高手上籃

　　接球時的一步要大，接球後的一步要小，以便起跳時
把向前衝的力量改為向上起跳的力量。騰空後，上體稍後
仰，投籃手把球送到最高點時，手腕前屈，食、中、無名
指用力將球投出。

四、運　球

　　運球是控制球、支配球、組織戰術配合及突破防守的重要手段，是重要的進攻技術。由於防守技術的加強，對運球技術的要求越來越高。為了能有效地對付緊逼防守，球員要根據自身的特點，熟練地掌握運球技術，適時地採用急起急停、變速變向和轉身等方式擺脫防守或吸引對手，為球隊創造有利的傳球和投籃機會。

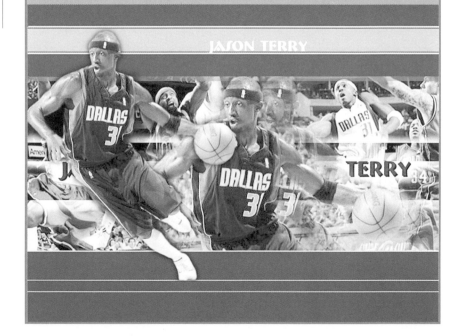

運球動作包括身體姿勢、手臂動作、球的落點和手腳協調配合四個環節。

1. 身體姿勢

兩腳前後開立，兩膝微屈，上體稍前傾、抬頭，目平視，非運球手、臂平抬，用以保護球。腳步動作的幅度和下肢各關節的屈度隨球的速度和高度的不同有所變化。慢速運球時，腳步動作幅度小，而各關節的角度則大；快速高運球時，腳步動作幅度大、各關節的角度小。低運球時，腳步動作幅度和各關節角度均小。

2. 手、臂動作

手、臂動作包括接觸球的部位、運球時的動作、按拍球的部位和力量的運用。運球時，五指分開，擴大控制面積，用手指和手指的跟部以及手掌的外緣接觸球、控制球，手心空出。由於比賽的情況千變萬化，運球的方法也不同，超低運球時，主要以腕關節為軸，用手指的力量運球，高運球和變向運球時主要是以肘關節為軸，用前臂和手指的力量運球。體側或側後的提拉式的高運球主要是以肩關節為軸，用上臂、前臂、手腕和手指的力量運球，這種運球方式控制球時間長，活動範圍大，便於保護球。

拍球的部位是由運球的方向和　速度來決定的，拍球的部位不同，使運球的入射角和反彈起來的反射角也不同，由於拍球的力量不同，球從地面反彈的高度和速度也不同。

3. 球的落點

運球時,運球的速度、方向和攻守情況不同,球的落點也不同。在無人防守或消極防守情況下的直線高運球,球的落點在運球人同側約 20 公分處,速度越快,落點越靠前,離自己越遠,反之越近。在積極防守情況下,運球的落點應在體側或側後方,以便保護球。變向運球的落點基本上位於異側體側或側前方。

4. 手腳協調配合

運球既要移動速度和運球速度協調一致,又要保持合理的動作節奏。在移動速度不變時,能否保持腳步動作和手部動作協調一致,在速度上同步進行,關鍵在於拍球的部位、落點的選擇和力量大小的運用。腳步移動越快,拍球的部位是靠後下方,落點越遠、反彈的力量越大;反之,部位越靠上,落點越近,力量越小。

(一)高低運球

抬頭目視前方,上體稍前傾,臂對運球方向,球的落點在身體側前方,球反彈的高度約在腰、胸之間。

抬頭，目視前方，兩膝深屈，身體半蹲，運球高度在膝、腰之間。

（二）變速運球

運球隊員降低速度時，運球要低，使球與地面垂直反彈；雙膝深屈，注意保護球，用上體和頭部做虛晃假動作，然後突然起動；運球手的異側腳前腳掌內側用力蹬地，按拍球的後上方，加快運球速度以超越對手。

（三）變向運球

從左至右、從右至左改變方向的運球。以嫻熟的左右假動作和反彈高運球突然降低至 30～50 公分低運球來控制身體重心是訣竅。

1

① 在右側欲運球前進。

2

② 若防守者接近，想要堵截前進方向，立刻變為低運球。

③ 往左改變方向的同時，運球手也換為左手。

3

④ 突然加速運球擺防守。

4

(四)背後運球

　　用右手按拍球的外側，從背後向自己的左側前方按拍球。右腳在前時開始拉球，左腳上步的同時使球從背後反彈至左側的前方，右腳腳尖向前，迅速向左前方跨步，側肩靠近對手右側，以臂和腿保護球，換用左手運球快速突破。

(五)運球轉身

　　如果右手運球，就把球運到身體右側，左腳跨前一步為中樞腳，然後右腳用力蹬地後撤，順勢做後轉身動作，同時換左手按拍球；或是在轉身同時，右手向後拉球，然後換手運球。轉身換手動作要快。

①以左腳為軸運球向後轉身。

2

1

②非中樞腳一側的肩要降低。

③轉身結束，運球手換至左手。

4

3

(六)胯下運球

　　以右手運球為例，變向時，左腳在前，右手按拍球的右側上方，球從兩腿之間運至身體左側，然後上右腳，換手運球，加速前進。

②另一隻手運球。

1

③右腳和右肩邊向左邊躲閃邊轉換前進方向，面向左。

2

①欲往右方向前進時，在防守者接近的瞬間，從兩腳之間向後反彈。

4

五、突　破

　　突破是進攻隊員運用腳步動作與運球相結合的快速越過防守人的一項攻擊性很強的技術，如果能在適宜的時機熟練地運用這項技術，會打亂對方各種體系的防守布局，從而創造良好的個人和全隊的進攻機會。

　　若把突破和投籃、傳球、假動作結合運用，其攻擊性和靈活性就更加顯著。因爲這樣不僅可使突破容易奏效，而且又可用突破吸引防守，爲投籃、傳球創造有利條件。因此，掌握好這項技術有助於發揮「積極主動、快速靈活」等特點，每個運動員都應該練好它。

（一）順步突破

① 左腳往左邊踏出，以牽引對方的重心跟著走，但著地後突然身體往回撤少許，把重心大部分移到右腳上。這種運球急停的動作，會讓對方剎那間也跟著止步。

② 抓住防守者瞬間的止步時機，用已經移到右腳的重心迅速向左移動，並大步跨出左腳，搶占切入位置。

③ 右腳跟著大步跨過防線，完成一次完美的切入。

  要 點

●蹬跨、轉探，保護球迅速超對手。

(二)交叉步突破

　　右腳先著地，左腳再往左大步一跨，佯左切。

　　佯切動作是否逼真、確實、關鍵在於右肩需前傾對向防守者，重心在左腳，右膝略彎，腳底離地。最重要一點，因這是個佯左切動作，所以左手掌要置於球的左側，以便換向右切。

　　突然換向右切的動作，乾脆俐落。

 要 點

　　●向右前切，向左佯切的假動作要有節奏，吸引防守者時動作稍慢，向右側突然變向要快而突然，蹬跨、轉探、快速擺脫和超越對手。

(三) 後轉身突破

　　（以左腳為中樞腳，從防守隊員右側突破為例）：準備姿勢是兩腳平步（或斜步）背向（或側向）籃圈站立，重心下降，兩膝微屈。突破前，用身體（頭部、肩部）和球向對手左側做過人的假動作，重心稍向右移。突破時，左腳內側迅速向左後方蹬轉，同時右腳向右後方跨出一大步，上體右轉，稍向右後方插肩，右手放球於右腳稍前方（或左手放球於右腳側方）。然後再以左腳內側迅速蹬地，重心內移，左腿向前邁出，利用身體護球，搶占有利位置，突破到籃下投籃或轉變為其他進攻動作。

（四）前轉身擺脫投籃

（以左腳為中樞腳，從防守隊員右側擺脫為例）：準備姿勢同後轉身持球突破。突破前，一般是斜步站立。突破時，左腳內側迅速向側後方蹬地並向右跨步，右腳前腳掌為軸由右轉動，同時向右轉肩轉體，用右手或左手放球

2

1

4

3

於體側，並迅速用身體護球，搶占有利位置，突破到籃下投籃或轉變為其他進攻動作。

(五)跳步急停突破

跳步急停前，應根據同伴的傳球以及自己與防守隊員所處位置的情況，隨時做好向兩側或向前做跳步急停的心理準備。看到同伴傳來球，應該迅速向來球方向伸臂迎球，同時由一腳（側向時用異側腳）蹬地，兩腳稍騰空。向側方或前方躍出接球，然後兩腳先後或同時平行落地。落地後，兩腿屈膝，重心降低，保持平衡。保護好球，然後再根據防守隊員的位置和情況迅速用交叉步（或同側步）突破防守。

(六)搶步急停突破

（以背對籃向右前方搶步為例）：接球時，右腳向側前方跨出一大步，背對防守人搶占有利的接球位置，用左手領接球；接球同時，右腳內側迅速向右後方蹬轉，腰胯用力後移，同時左腳向左後方插步，腳尖指向突破方向，用後轉身（或前轉身）突破對方。

(七)高低運球突破

①擺脫防守時,在
腳前方反彈運球。

②防守者一逼近,就低頭沉肩切入運
球,使之快速反彈,穿越防守者的腰側。

持球突破如何創造與把握時機

持球突破，是持球隊員利用靈活合理的腳步動作和逼真的假動作，結合運球去超越擺脫對手的一種攻擊性很強的技術。在籃球比賽中，進攻隊員往往處於主動狀態，而防守隊員則處於被動狀態，作為一名進攻隊員得球後要想最快地突破對手的防線，就應該充分利用這一變化去創造和把握時機。

1. 在無球的情況下進行有目的的移動創造時機

作為要持球突破的隊員，在沒有接球之前，儘量使防守隊員隨自己移動，由自己跑動的快慢變化，以及變向和轉身等動作，帶動防守隊員做被動的移動。

另外，也可以由同伴掩護等幫助，為接球後的突破創造良好時機。

2. 接傳球後的第一時間為最佳突破時機

進攻隊員在未接球之前先對場上情況做一觀察，判斷出進攻方法和路線，接到球後不要急於運球，因為這一時間是突破的最佳時機。

即當進攻隊員接到球後一瞬間，可任意選擇運球、傳球或投籃，處於主動優勢，而跟防隊員對持球隊員的下一動作難以做出判斷，完全處於被動狀態。此時持球隊員應該立刻根據來防對手的跑位或站位，迅速利用原地各種假動作迷惑對方，迫使對手在移動中被動地隨自己的動作而做出相應反應，造成對手出現防守漏洞，持球隊員可及時

運球突破對手。

3. 利用步法去超越防守隊員

這裡所說的超越，是指持球隊員在運球過程中，當防守隊員出現瞬間的防守失誤時，應迅速加大步法的跨度及時搶跨到有利位置，從而突破對手。

當第一時機沒有把握或被對手及時防守後，此時則要求持球隊員在運球中，利用熟練的運球技術做各種假動作，如運球急停急起、胯下運球變向、運球轉身、背後運球等動作帶動防守隊員隨之移動，當對方步法或身體位置出現失誤時，運球者應利用合理的步法及時去超越對手。或者靠同伴的幫助用掩護來突破對手。

總而言之在運用假動作時要有戰機意識，隨時注意觀察判斷防守隊員的眼前反應和可能反應，及時地進行突破。

六、傳接球

傳好球的方法：

1. 邊觀察防守隊員的動向邊傳球。

2. 選擇直線、反彈、弧線傳球。

與速度快的直線傳球相比，反彈和弧線傳球速度較慢，可根據對方防守隊員的動向來選擇。

3. 對跑動中的同伴傳球。

對停止移動的同伴，一般傳快疾的直線球，但對移動接球的同伴，要有一定的提前量。

4. 傳球時要加強隱蔽性。傳球的動作幅度不要太大。做到聲東擊西，真假結合，達到調動對方、指揮同伴的目的。

5. 傳出使接球者容易轉入下一進攻動作的球。

接球者接球後迅速轉入進攻是很重要的。但如果傳出一個難接的球，接球人就會很難進入下面的進攻，而且有被對手搶斷的危險。

（一）基本持球動作

雙手五指自然分開，持在球的側後方，拇指相對成八字形，用指根以上部位觸球，並避免用手心持球，手肘自然屈曲並指向下方，將球置在胸腹之間的部位。

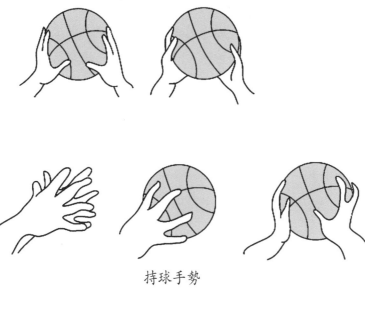

持球手勢

單手持球

(二)雙手傳接球

1.雙手胸前傳球

雙手胸前傳球的基本方法是：雙手持球於胸腹之間，身體保持基本姿勢站立。傳球時，雙手持球，雙腳蹬地，迅速向傳球方向伸臂，同時手腕翻轉、拇指下壓，最後由拇指、食指、中指用力撥球將球傳出。出球後，手心和拇指向下，其餘四指指向傳球方向。身體重心隨球前移，保持新的身體平衡。

投籃手一側的腳置前，屈膝，上體稍微前傾。

兩肘張開，在胸腹處持球，手腕和手指快速撥球把球傳出。

兩手手指分開，拇指在球的後部相對持球。

3 2 1

雙手胸前傳接球是一種最基本、最常用的傳球方法，用這種方法傳出的球快速且有力，可在不同方向，不同距離中使用，但多見於中、短距離。這種方法還便於與投籃、突破等技術動作相結合使用。

　　原地近距離傳球時，前臂短促地向前伸，手腕由下向上轉動，再向內向外翻，成為急促的抖腕。抖腕的同時，拇指用力下壓，食指、中指用力彈撥，將球傳出。出球後手心和拇指向下，其餘四指向前。傳球距離越近，前臂前伸的幅度應越小。

　　跑動中雙手胸前傳、接球是一個連貫動作。接、傳球

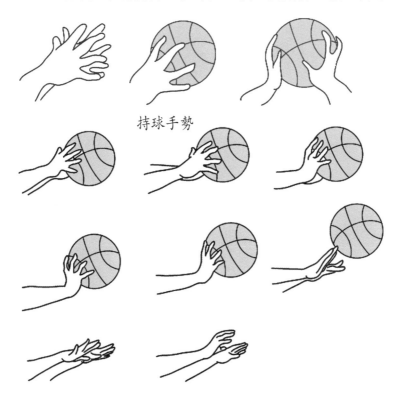

持球手勢

時，手、腳動作必須協調配合。一般是左（右）腳落地接球，右、（左）腳上步出球。手的動作過程是，雙手接球，迅速收臂後引，然後又迅速伸前臂、抖腕出球。技術越熟練，這個動作越連貫，越小。

遠距離雙手胸前傳球，腕、指用力動作同上，但需要加大蹬地、展腰、伸上臂的動作，使全身協調用力。傳球距離越遠，蹬地和伸上臂的動作幅度要越大。

● 手腕急促地由下而上轉動，再由內向外翻。同時，拇指下壓，食、中指用力彈撥。

2. 雙手反彈傳球

這種傳球方式是藉由球擊地後的反彈作用進行的。雙手反彈傳球的手法與雙手胸前傳球基本相似，也是最基本、最常用的一種傳球方式。這種傳球運用得當，便於越過防守者；多用於中、近距離快速傳球，例如向內線位置傳球、突破分球、快攻一傳和結束階段的傳球。

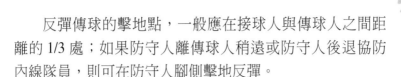

反彈傳球的擊地點，一般應在接球人與傳球人之間距離的 1/3 處；如果防守人離傳球人稍遠或防守人後退協防內線隊員，則可在防守人腳側擊地反彈。

球向後旋轉擊地反彈後，球減速向斜上方彈起，便於接球。傳球手法與雙手胸前傳球相同，但腕、指用力要大，如果用力不夠，反彈高度就低，不利接球。

雙手向後反彈傳球：手腕和手指用力的方法是前臂要向後擺，手腕和手指要向後用力。這種方式多用於近距離的策應傳球，例如，由中鋒交叉切入或從中鋒身前繞切時中鋒的傳球。

 要 點

●腕、指急促抖動用力，出球快，擊地點適當。

3. 雙手頭上傳球

這種傳球在組織進攻、從外側傳給中鋒、搶籃板球後的傳球時採用。這對身材高大的隊員是很有利的，但矮小的隊員因持球於較高位置，做投籃、傳球、運球的轉換會變慢的缺點。

雙手頭上傳球出手點高，擺臂動作幅度小，便於與頭上投籃結合，但不利於與突破、運球及其他隱蔽傳球的動作結合。因此，它適於高大隊員採用。這種傳球多用於中、近距離，例如搶到籃板球後的快攻一傳，外線隊員轉移傳球；有時外線隊員向內線隊員傳高吊球時也採用。

雙手持球於頭上，兩肘彎曲，持球手法與雙手胸前傳球相同。傳球時，前臂前擺並內旋，手腕前扣並外翻，同時拇指、食指、中指用力向前撥球，將球傳出。遠距離傳球時，要加上蹬地和腰腹力量的配合。

（三）單手傳球

1.單手胸前傳球

這種靈活、短促的隱蔽傳球，便於與運球突破、雙手胸前投籃結合運用，它是單手傳球中最基本的、應用最廣泛的傳球方式。掌握了這種傳球的手法，可以比較容易地掌握其他單手傳球。

單手胸前傳球，多用於近距離快速傳球。如果與防守人的距離很近，與同隊隊員的距離也比較近，就可以用這種傳球方法突然從防守人的頭頂、耳旁或肩側傳過。

持球方法與雙手胸前傳球相同。傳球手在短促地前伸小臂的同時，手腕稍向後屈，又急促向前扣，並稍向內翻，同時食、中、名無指用力撥球，將球傳出。注意向前伸前臂只是幫助腕、指發力，動作幅度應減到最小，以便使傳球更加突然和隱蔽。

1   2

● 手腕後屈，稍內翻，急促用力前扣；食、中、無名指
用力撥球。

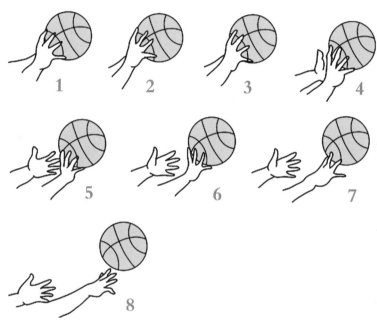

2. 單手肩上傳球

這是一種經常在搶得籃板後快攻一傳或長傳時使用的一種中、遠距離的傳球方法。

持球方法與雙手胸前傳球相同。兩腳平行開立，右手傳球時，左腳向傳球方向或向側前方跨出半步，同時將球引至右肩側，右肩後轉，左手扶球，右手持球後下方，手腕後屈，重心在後（右）腳上。出球時，在右腳蹬地的同時轉腰轉肩，帶動右肘向前，同時前臂加速前擺，並迅速向前扣腕，以帶動食、中、無名指用力撥球，將球傳出。

要 點

●用轉肩帶動肘部向前擺，並急促向前伸臂扣腕，手指用力撥球。遠距離肩上傳球時，傳球手向後引球的幅度要加大，以增加轉肩擺臂的力量。但做中、遠距離的肩上傳球時，則應儘量減小向後引球的幅度，以便加快出球的速度。

3. 單手體側傳球

這是一種近距離的隱蔽傳球，多用於向內線隊員傳球時。與向傳球的反方向跨步假動作結合運用，效果較好。

單手體側傳球的持球方法與雙手胸前傳球的持球手法相同。傳球時，傳球手持球後引，手臂引球經體側做弧線擺動，出球的瞬間，傳球手的拇指向上，手心向前，手腕稍後屈，出球時，前臂前擺，手腕積極主動前屈，最後食、中指撥球將球傳出。

●跨步與傳球的配合要協調、迅速，腕、指急促用力抖動，前臂擺動幅度要小。

4.勾手傳球

這種傳球出手點高，傳球距離遠，一般多用於搶後場籃板球後第一傳時，或球在前場落於場角向外圍隊員傳球時，或擺脫二夾一圍守時，或做跨步勾手傳球以擺脫被動局面時。由於勾手傳球多是跳起在空中進行，所以傳球前必須觀察好接球人的位置和移動情況，以免失誤。

左手傳球時，向右前方跨步轉體，球交左手。轉體的同時，左手沿體側自下而上繞環擺動，臂上擺、左腿屈膝抬起，左腳起跳。球擺至頭上側上方時，急促向傳球方向扣腕，食、中、無名指用力撥球，將球傳出。為增加出手點高度，左腿要儘量高抬，身體和手臂要儘量向上伸展。

●轉體、擺臂、起跳要迅速、協調，擺球至頭上時要急促扣腕。

六、傳接球

伸臂如畫大圓
一樣把球拋出。

傳球的手彎
曲，單手持球，
另一隻手護球。

5. 單手背後傳球

這是一種近距離的隱蔽傳球，多用於快攻結束階段和
突破分球時。

原地背後傳球時，雙手持球擺至體側。如用右手傳
球，則扶球的左手離開，右手引球繼續向背後擺，前臂擺
球至臀部的一刹那，向傳球方向急促扣腕，食、中、無名
指用力撥球。球離手越早，傳球的高度越低；球離手越
晚，則傳球的高度越高。

1

2

3

4

　　移動和運球中做背後傳球時的手法，與原地時的相同，但必須與腳步動作協調配合。右腳上步時右手持球後擺，左腳上步右腳支撐時出球。運球中做背後傳球的方法是，當球向上反彈時，右手迎球並順勢引球後擺接著傳出。步法同上。要求前臂迅速後擺，擺臂要與腳步動作協調配合，身體不要上下起伏。

運用手腕的彈撥將球傳出。

● 持球手後擺至臀部時，急促扣腕，手指用力撥球。擺臂與腳步動作的配合要協調。

（四）接　球

接球時，必須擺脫防守，上步卡位，伸手迎球，接球後迅速持於身前，保持身體平衡。接球前，首要的是擺脫防守，也就是將接到球的剎那，要快速上一步或半步，把防守人卡在身後再伸手迎球；手指觸球立即順球來勢將球持於身前（或體側），並注意保持身體平衡，接球動作結束即是下一傳球或進攻動作的開始。站在原地等球傳到是錯誤的。

接球前應先觀察攻、守雙方情況，以便接球後迅速銜接下一傳球或其他進攻動作；接球後應儘量減少在自己手

中不必要的停留，更不要有那種接球後拍一下的壞習慣，
應盡快地轉移球，使對方處於緊張、被動的局面，以利進
攻。

1. 雙手胸前接球

接球時，要上步卡位，將防守者擋在身後，雙手伸出
迎球，兩拇指成八字形，手指向上，掌心向前似持球狀。
肩、臂、腕、指肌肉放鬆。指端觸球時，迅速收臂將球後
引至身前或體側，或將球置於腹前。應特別注意保護球，
同時注意保持身體平衡，做好迅速銜接下一個動作的準備
姿勢。

六、傳接球

4　　3　　2　　1

　　面向來球方向兩臂充分伸出，如果不伸臂接球，說會耽誤 30 公分的時機。

3

　　在接有速度的球時，做 2 拍滑步後停住。

2

　　面向來球至少也要移動 1 公尺接球。可控制傳來的球速，以便進入下邊的進攻。

1

 要 點

●伸手迎球，指端觸球，雙手迅速後引，保持身體平衡。

2.單手領接球

單手領接球可使接球後與防守隊員錯位而更好地保護球，使接球人處於有利的進攻位置而更便於迅速投籃、突破和傳球。

4　　　　　3　　　　　2　　　　　1

原地單手領接球時，接球手自然伸出迎球，五指自然分開，手心對球，腕、指放鬆。指端觸球時，順球來勢迅速收臂領球於身前（或體側），另一手迅速扶球，保持身體平衡，做好下一個進攻動作的準備姿勢。

移動中單手領接球時，要判準來球時間和落點，即將接到球時，前跨或跑一步。有時是在前跨腳落地的同時接球，有時是在身體騰空時在體側（或側後）接球。領接球後要迅速下降重心以銜接運球突破、跳起投籃或傳球等動作。

● 伸臂迎球，指端觸球時迅速收臂領球。

3. 接反彈傳球

　　手心要向著地面來球方向，要根據球反彈的高度，彎腰向前下方伸手迎球。如果球反彈的角度很小，則要改變接球手形；手心向前，兩小指相對成八字形，接球後手腕迅速向上翻，持球於胸腹前。

　　在背後有防守的情況下，想要站立不動去接沒有速度的反彈球或弧線球，會有被搶斷的危險。要向傳球方向移動 30～50 公分接球。

　　持球者向所指示方向的 30～50 公分處反彈傳球。

　　中鋒快速移動，準確接球。

4. 接球——急停

安全接球後急停已成為進攻技術的基礎。要點是正確
運用轉入下次進攻的銜接點，不要犯帶球走違例的錯誤。

　跳　　停

以 1 拍的節奏停住，兩腳同時落在 3 秒區（罰球區）
的急停、運球前進中的急停、移動中的急停，幾乎都是這
種類型。

　　　身體重心置於　　　　　兩腳同時著
兩腳中間，雙膝彎　　地，左右任何一腳
曲，以能迅速轉換　　都可作為中樞腳。
動作的姿勢停住。

　跨步急停

2 拍節奏的急停，在外國接快速傳球的情況下多見。

3	2	1

取立刻轉入
投籃、運球、傳
球的身體姿勢。

第 2 步取轉
入下個動作的平
衡姿勢停住。

以第 1 步跑的
慣性，來緩衝傳來
的球勢。

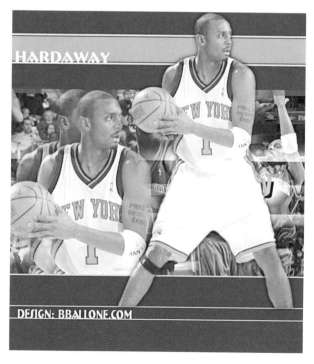

5.移動接球

同時進行接球和假動作的移動接球,是進攻中連接帶球突破和投籃的重要技術動作。移動接球的學習可以說是個人進攻技術提高的最重要課題。

所謂移動接球,就是快速迎上接球,與跳停、假動作後立刻進行投籃或帶球突破息息相關,比等著球進攻機會要多達 3 倍。

必須要跳停,為了有利於下邊的動作,邊改變身體或腳的方向邊跳停。

面對來球方向移動。

1

2

急停的同時做假動作來引誘防守者。

3

根據防守者的反應,運球突破或者投籃。

4

七、籃下進攻

　　籃下進攻要根據防守人的防守範圍，運用掩護、傳切、突分、策應等基礎配合，進行機動、多變、連續的進攻。針對目前防守中「以球爲主」的防守原則，在進攻中要頻繁地轉移球，從強側至弱側、從內線到外線、從縱向進攻到橫向進攻。力爭做到「人動、球動、人球皆動」，在連續穿插和移動中尋找投籃的機會。要內外線有機地結合，爲給內線創造機會，組織3分配合，拉大防區；反之，內線強攻，壓縮防守區域，給外線創造投籃機會。掌握好進攻節奏，快慢結合，動靜結合；聲東擊西，縱橫交錯，強攻與伴攻交替運用。積極衝搶籃板球，力爭創造二次進攻機會。

（一）籃下進攻七大要素

1.站位

這是為了能夠準確地接外圍傳來的球所不可缺少的要素。同外圍隊員相比，靠近籃下的隊員在防守密集時很難搶到位。

籃下隊員固定站位根據防守人位置，一般有 3 種選位方法：側身、身後和身前防守。不論哪種情況下站位，籃下隊員要想接好球必須做到：

（1）兩腳分開站立，兩膝微屈，上體伸展略含胸，身體重心穩定。

（2）一隻手上舉示意同伴傳球落點，另一隻手置於身側後觸摸防守隊員，感知對方的位置和動向，若對手伸臂在體前干擾接球，則用同側手臂把對方手臂擋開。

（3）兩腿和臂、腰部要用力防止對方擠壓，兩腳要隨時準備向對方繞出的方向移動，用同側腳卡住對方的繞出腳，保持自己有利接球位置。

張開雙肘，利用身體的厚度儘量確保寬一點的空間，提高接球的安全性。

（4）接球時要伸臂迎球，向來球的方向移動腳步，觸球後，立即把球拉向身前，指、腕用力握球，兩肘張開。

2. 信號（手勢）

在內線站好位之後，用手勢向持球隊員發出信號，告訴他想要接球的方向。如果不打手勢會被認為沒有接球的意思。

3. 控制球

接到球後，要保護好球，以防被偷襲或脫手。初學者應兩肘向外側張開，在下頦的下方安全控球。

兩腳平行站立，兩膝彎曲，上體稍前傾，兩肘微屈，兩眼平視，開闊視野，兩手持球於腹前，利用身體和兩肘保護球。這樣才能站得穩，不致於因防守人的碰撞而失去平衡，並且有利於保護球和銜接下一個動作。

4.確認身後的防守

　　接球的同時，確認一下後邊防守隊員的距離、位置，以便選擇下邊的進攻動作。初學者一定要養成接球後確認身後防守的好習慣。

　　緊貼防守人時，腰、背、臀的感覺非常重要。確認身後的防守時，一定要利用身體和兩肘保護好球。

5. 向球籃方向轉身

接到從外圍傳來的球時，是背向球籃的狀態，這種狀態是不能得分的，必須轉身面向球籃才算開始進攻。

籃下進攻隊員從背對籃轉向面對籃時，做假動作非常重要。比如空中接到傳球，先左腳向左橫跨一大步，同時上體虛晃吸引對手。一旦對手上當受騙，立刻右腳快速邁出一小步，腳落地的同時，左腳用力蹬地橫跨在防守人身前，帶動身體轉動變為面向球籃。

6.準確投籃

投籃命中率低的籃下進攻隊員是失職的。如果在罰球區（4.3公尺）無防守時投籃命中率不到80％，有防守時達不到60％以上的話，進攻力就會銳減。因此，籃下進攻隊員提高投籃命中率是非常重要的。

籃下進攻應熟練掌握以下3種投籃動作。

(1)貼身投籃

在防守隊員貼身防守時，持球隊員在規則允許的範圍內，用身體的某一部分（如腿、臀、肩、背、臂等）擠、扛、靠、壓對手，在與之發生身體接觸時投籃。貼身投籃多數是在籃下，當進攻隊員在身高、體重相對略占優勢或相等的時運用。貼身投籃主要包括：前轉身、後轉身插步擠投，側身投籃，貼靠投籃，突破投籃和扣籃。

(2)時、空差投籃

它是在激烈的對抗中，進攻隊員利用快速、連續的移動和持球假動作，造成自己與防守隊員在動作節奏的時間上和占有位置的空間上，出現短暫的時、空差時投籃的總稱。這種投籃多數是在限制區內，進攻隊員在身高和體重相對防守隊員略顯劣勢的運用。時、空差投

籃包括前、後轉身投籃，橫跨步投籃，急停順步和交叉步投籃，跳起後仰投籃等。

(3) 中距離跳投

這種投籃不發生身體接觸，是由進攻隊員快速移動，在持球突破中急停、掩護和接突破分球創造投籃機會。

7. 積極拼搶籃板球

搶籃板球是比賽中雙方隊員爭搶從籃圈或籃板反彈回來的球的統稱。進攻隊員搶本隊投籃未中的球為搶前場籃板球；防守隊員搶對方投籃未中的球叫搶後場籃板球。現代籃球比賽攻守激烈，除地面速度與技巧的對抗外，對空中球的爭奪更令人注目，籃板球已成空中球的爭奪焦點，攻守矛盾轉化的關鍵。

比賽的實踐證實，誰搶籃板球能力強，次數多，誰就能掌握比賽的主動。如果進攻時搶籃板球占優勢，不僅可以增加進攻的次數，造成籃下進攻得分的機會，而且容易製造對方犯規，並在心理上給本隊投籃增強信心，還可以減少對方獲得籃板球發動快攻反擊的機會。

防守籃板球搶得好，不僅可以抑制對方進攻，加重對方外線投籃的心理壓力，而且可以為本隊由守轉攻創造更多的快攻機會。因此，籃板球的爭奪與運用對比賽的主動與被動、勝利與失敗起著重要作用。

搶籃板球是一項複雜的技術，它是由判斷與搶占位置、起跳、搶球動作和得球後的動作所組成。掌握投籃不中後球反彈的基本規律，是搶籃板球的重要前提；及時起跳並在最高點搶到球，是搶籃板球的關鍵；高大中鋒搶到進攻籃板球後應果斷地直接投籃；防守隊員搶到籃板球後要迅速組織反擊。

(二)控制球

在隊員密集的籃下區域因膽怯慌張而球被搶走的情況很多。得分的機會就在眼前，因此，在這個區域的控制球尤為重要。必須在取得基本姿勢後，沉著冷靜地確認防守者的位置，這樣才能安全控球。

七、籃下進攻

正確持球

兩肘向兩側張開,在頷下持球。以這個姿勢,防守者上下左右不論從哪兒手都伸不過來,很安全。確認後邊防守者的位置是根本。

不正確持球

不正確姿勢持球,只注意前方面忽視後方。因此就不能確定下邊的進攻動作。

轉身後的持球

接球後轉身與防守者相對時,儘量持球於對方的手難以搆到的位置。

轉身時的控球

接球轉身時,持球於頭的上方或膝的下方。

(三)搶　位

1. 策應搶位

籃下進攻隊員面向防守人移動中變為背向防守人，搶位急停接球。

中鋒在面向防守人移動中，在即將到達接球位置時，第一步積極搶步，腳落地同時，第二步用力蹬地橫跨在防守人身前，帶動身體轉動變為背向防守人，臀、腰用力將防守者卡擠在自己身後。

3 2 1

6 5 4

2.繞進搶位

非中樞腳向後退一大步。

按後轉身的要領回轉身體。

處於遠離防守一側的手打手勢，向持球者示意接球方向。

站位後兩手和兩腳打開，儘量以一定的幅度來制止防守者的移動。

用同防守者一側的肘和腳，阻止對手的移動。

3. 潛入搶位

左右做假動作，在防
守者失去平衡時擠入。

收頭和肩潛入防守者的腋
下，身體往防守者外側轉。非中
樞腳（左腳）
若交叉潛入就
能夠更準確地
站位。

打手勢是告訴
接球方向的很重要
動作。

將臀部頂住防守者的胯
和腿部，做手勢傳球是示意
接球方向的重要動作。保持
接觸的狀態。

4. 虛晃擺脫轉身搶位

面對防守者想要往右側取位時，把右腳插入對方兩腳中間。

以右腳為中樞腳後轉身。

用後背同防守者接觸，面向球。

(四) 籃下進攻的投籃技術

1.籃下進攻隊員必須熟練掌握的投籃方法

● 離籃 4～5 公尺各種角度的轉身跳投和轉身突破投籃。

● 籃下各種角度的高手、低手、反手和勾手投籃。

● 籃下左、右兩側插步擠投（「扛投」）。

● 背向籃移動或插中時搶步接球，同時轉體面向籃急停跳投和結合突破急停跳投。

● 扣籃和補籃。

● 離籃 5～6 公尺各種角度的跳投和突破投籃。

2. 籃下進攻隊員投籃時機的選擇

● 在內策應位、特別是在限制區內接球，應果斷投籃。要求接球時判斷好攻、防位置，依靠動作的速度獲得「時間差」，使防守者來不及封阻。

● 結合其他技術動作——策應傳球、各種投、傳、突破假動作、轉身、插步等進行投籃。與其他技術動作結合時，要注意動作之間變化的節奏——假動作變換投籃動作要快要突然，以便獲得良好的投籃出手「時間差」和「位置差」。

原地跳投

要 點

●無論是貼近還是
與防守者有一定距離，
投籃起跳都要有突然性
和爆發力。遠距離時，
多採用「邊跳邊投」，
借助向上跳起的彈力將
球柔和投出。

跨步跳投

要 點

●運球急停要穩，同時向左舉球虛晃，誘使防守者右移。向右雙腳起跳時，全身要協調用力，身體要充分伸展。

後撤步跳投

要 點

● 運球向籃下擠靠
防守人時，重心要下
降。跳起後仰投籃時，
要控制好身體平衡，在
空中停穩後出手。

急停跳投

要 點

●運球急停時降低重心，控制好身體平衡。要高抬右手臂和肘，擋阻防守者的封蓋。高手投籃動作柔和，主要是手腕和手指的點撥。

勾手投籃

　　勾手投籃一直以來都在人們心目中沒有太多的地位，而且，大多人都不以為它是一種正統的投籃姿勢。但是，當「天勾」賈霸出現在 NBA 以後，人們才漸漸的感到勾手投籃原來是這麼的奇妙。而且，當「魔術師」也學會了勾手投籃，並且還贏得了「小天勾」的美名以後，人們更加對勾手投籃另眼相待了。從此以後，勾手投籃被人們漸漸的接受，並運用在各個正規和不正規的比賽中。勾手投籃作用十分的突出，尤其是面對一個高大的隊員防守你的時候，勾手投籃恰恰能展示你的風采。雖然如此，但是要想正確和合理地運用勾手投籃，並不是一件簡單的事情。

　　當你接到後衛傳給你的球，背對籃筐進攻，運用勾手投籃的機會就產生了。

　　第一步要用肩膀靠住對方，用身體壓制住他。

　　第二步就是向禁區裡面大踏步的邁左腿（一般背向籃進攻的時候都是在籃筐的右邊，這是習慣了右手投籃的人的方式）。

　　第三步就是朝籃筐轉身。同時高高的跳起來，用右手把球高高的舉過頭頂，最好是直臂。當你跳到最高點的時候，用手腕輕輕地撥球入筐。

⑤碰籃板入網，或有從籃圈上輕輕放入之感。

③肩線垂直於籃板，投籃手畫弧舉球投籃。

②右膝抬高呈90°，手和膝要一致。

④非投籃手擋住防守隊員的手不讓其伸過來。

①籃下右側，用左腳起跳。

⑥在籃下反覆練習左右手的投籃。

要 點

●蹬地、舉球上擺動作
要協調一致，用前臂和手
腕、手指力量控制球的方向
和旋轉。

虚晃投籃

單手補籃

反手上籃

要 點

● 沿底線強行突破時，右側手臂、肩、腰胯和腿要擋、貼防守者。反手上籃時，一定要碰板，不宜投空心籃。並且右手臂要將肘部「架」起，以阻擋防守者。

(五)假動作

1. 進攻假動作

假動作是進攻隊員用身體、球和腳來對付防守技術，是籃球運動的重要技術之一。籃球攻防相對的動作之多，

可以說是由此動作派生出來的。

　　假動作有身體假動作（用全身做假動作）、球假動作（用球做假動作）、腳步假動作（用腳做假動作）3 種。

(1) 球假動作

　　① 連續做過頭傳球、胸前傳球、反彈傳球、低手傳球、勾手傳球等傳球動作，但不要讓球離開自己的手。

　　② 兩手的傳球假動作，在兩臂伸出後馬上把球收回來。

　　③ 單手傳球的假動作在要傳球和球將要離手的瞬間用手腕和手指把球卷回來。

(2) 身體假動作

　　① 兩腳分開比肩稍寬，低持球。

　　② 左右移動球的同時也左右有節奏地移動身體。

　　③ 面向前方，變換速度，以 1～2 慢、3～4 快，然後 1～2 快、3～4 慢的節奏做。

(3)腳步假動作

① 非中樞腳向前、後、左、右4個方向移動。

② 配合身體假動作做球假動作，有節奏地移動。

(4)連續兩個假動作

轉身動作的一部分。以「右左」、「右左」連續兩個假動作來引誘防守者，然後從相反方向帶球突破。有兩腳著地以身體和球做假動作以及用單腳做的假動作兩種情況。

① 按右、左、右、左的方向有節奏地做假動作。

② 球的移動方法，是向右做傳球假動作或使對方以為要帶球突破，再把球收回腹前之後，往左邊方向做同樣的帶球假動作。

要點

● 反覆做兩次轉身動作，確定防守者的反應。防守者對轉身動作的方向做出反應要慢 0.1 秒，所以防守者移動的相反方向就成了空檔。

●若做運球假動作，對手的兩手自然就降低下來，因此，就容易做空檔傳球和切入。

2.防守假動作

隨著籃球防守戰術發展，要求個人防守更具實效性和針對性，防守中假動作的運用豐富和增強了個人防守動作和能力，使防守更具攻擊性和威力更有效果。

假動作是攻方隊員為隱蔽自己的真實意圖，運用動作、節奏、位置、方向的變化等來迷惑對方，當防守者受騙後，突然改變上述的行動，達到擺脫防守目的的一切行為。在目前，普遍重視進攻假動作的訓練與運用，而忽略了防守假動作的練習。實際上在防守中，假動作運用得好，能完善個人防守技術，增強防守的威力，起到事半功倍的作用，使防守更具實效性和針對性。

攻與守是一對矛盾，在進攻中有假動作技術的運用，那麼在防守中同樣有假動作技術的運用。下面就防守中假動作的運用作一分析。

(1)防持球隊員假動作的運用

球，是攻守雙方爭奪的焦點，持球隊員可以直接投籃得分或突破和分球。為了有效地抑制對方的進攻，一旦對手接到球，防守者要及時調整與對手的位置和距離，盡力干擾和破壞其投籃，堵截其運球突破，封鎖其助攻傳球，並積極地搶、打、斷球以爭取控制球權。為此，恰當地運用一些防守假動作，將獲得很好的效果。

①位置變化阻擊突破

位置變化阻擊是有意放一個方向，再突然防守這個方

向。如防底線突破，開始先放底線，站位於罰球區分位線的地方，給進攻者一個錯覺，似乎底線可以通過，待持球者從底線突破時，立即快速移動堵死底線，這樣可以阻止持球者運球突破，甚至會造成進攻者帶球撞人，達到爭取控制球權的目的，但是這一動作只限防底線突破時採用效果最佳，其它區域的防突破，一定要與同伴配合進行關門防守，才能採用這一防守假動作。

②欲擒故縱防傳球

防傳球時要根據其位置和視線判斷其傳球意圖，並積極阻撓，迫使傳球者不能準確、順利地傳球。如在封斷球時，故意把手放在腰的位置上，給傳球者可以通過頭上傳球的錯覺，待持球者從頭上傳球時，再突然伸出雙臂把球斷下；或者是防守者故意嚴密防守一側，放鬆另一側的防守，待持球者從這側傳球時，突然竄出斷球，從而達到奪球反攻的目的。在完成這一動作時，防守者要及時判斷持球者的傳球時機和方向，同時調整好自己防守的位置、距離和防守姿勢。

③誘人陷阱防運球

陷阱即是防守方在某處設立的夾擊點，誘人即是誘導運球者進入夾擊點。防運球時應遵循兩條原則：一是堵中路迫其向邊、角運球。二是堵強手迫使其用弱手運球。因此，在防守運球隊員時，防守者應將視線集中在對手運球的手和球上，以身軀對著球的著地點，同時干擾其運球，迫使其用弱手運球，放鬆進入夾擊區的防守路線，誘對手進入夾擊點，達到在夾擊區形成以多防少，伺機搶斷獲取球權之目的。

④加壓防守防投籃

當攻方處於籃圈 6 公尺範圍內接到球時，威脅很大，他可以直接投籃，也可以伺機突破和傳球。因此，在防投籃時，要視其投籃的特點和習慣，熟悉對手投籃的習慣動作，積極搶占對手的投籃區，封鎖其投籃點，在近球區加壓防守破壞對手的投籃習慣動作，迫使對手離開他的投籃區和採用不習慣的動作投籃，以取得最佳防守效果。

(2)防無球隊員假動作的運用

在比賽中，防守隊員絕大部分時間是防無球隊員。多數情況下無球隊員的移動是組成進攻配合的關鍵。要提高防守的主動性、攻擊性，有效地制止對手有配合的進攻，必須提高防守無球隊員的技能。

在遵循防守無球隊員原則的基礎上，適當運用一些假動作，也可收到很好的效果。如運用變化距離搶斷球，即防守隊員有意放遠對手一段距離，給傳球者安全感，待持球人傳球時，再突然躍出斷球；運用眼神變化斷球；運用虛晃、速度和動作節奏變化堵切入等。

總之，重點控制無球隊員的進攻路線，搶占其投籃區，破壞對手的習慣配合和習慣動作，防守中真真假假，讓對手不適應，迷惑對手以達到防守的真正目的。

（六）防守者

1. 側　防

　　單手和單腳往側方向伸出欲斷球，比賽中，這種防守用得很多。其優點是對手不易擺脫接球。

七、籃下進攻

2. 後　防

　　在背後防守的狀態。但被防守者安全接到球之後，多採用轉身——投籃來擺脫防守。

3. 前　防

　　一般是球在遠側時為了便於人球兼顧而採用。優點是容易判斷球的動向。

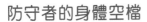

防守者的身體空檔

身體空檔傳球
防守者張開雙手防守也必定會有空檔，做假動作創造一個防守者的手難以搆到的地方，使傳球從那兒穿過，這稱為身體空檔傳球。

身體空檔傳球5個點
瞄準防守者的手難以搆到的空檔把球傳出。

七、籃下進攻

(七)搶籃板球

1. 搶 位

當投籃出手時，無論進攻或防守隊員應力爭搶占到對手與球籃之間的內線位置，把對手擋在自己的身後。搶占位置是搶籃板球的關鍵。

(1)防守時搶籃板球

防守隊員的搶位主要是擋人，利用轉身動作把對手擋在身後，堵住進攻隊員向籃下衝搶的線路，同時兩臂屈肘側舉，增加擋人的面積，用肘抵住進攻者的衝擊，及時移動起跳搶球。

(2)擋無球進攻隊員搶位

防守隊員右腳在前，左腳在後，側向進攻隊員。如果進攻隊員從防守隊員的左側切進搶籃板球時，防守隊員以左腳為中樞腳，右腳向前跨步做前轉身，把對手擋住。

1

3

2

2. 搶 球

　　根據進攻和防守隊員的位置和球的方向，可分為雙手、單手搶籃板球和點撥球三種。

(1) 雙手搶籃板球

　　雙手搶籃板球雖比單手搶籃板球的制高點低，但控制比較牢固，便於結合其它動作，尤其是防守隊員搶到有利的位置時，運用雙手搶籃板球比較好。

　　騰空時腰腹用力控制身體平衡，兩臂用力向上伸展，以提高制高點和擴大占據的空間面積。當身體和手達到最高點時，雙手指端觸球，立即屈腕、屈指握球，腰腹用力，迅速收臂拉球於身前。

(2)單手搶籃板球

單手搶籃板球不僅觸球點高，而且在空間伸展的面積大。如果左右手都能搶籃板球，就能在身體前、後、左、右上空靈活地搶球。

單手搶籃板球時，身體在空中要充分伸展，達到最高點時，手臂要伸直，指端觸球，用力屈腕、屈指握球，隨著屈臂迅速拉球於胸前；另一隻手迅速扶球以便保護。

(3)點撥球

搶籃板球處於不利位置或高度稍差於對方時，為了提高觸球高度，可用點撥球的方法將球點撥給同伴，或用手指將球挑撥到便於自己接球的位置。為了加快發動快攻的第一傳，也可以主動地、有計畫地利用點撥球的方法搶球。點撥球的優點在於增加觸球的高度，縮短傳球的時間和加快第一傳的速度。

3. 搶獲球後的動作

搶獲球後應該緊緊地握牢，並根據當時的情況，立即持球於腹前或持球於頭上。無論持球於哪個位置，都應該立即和投籃、傳球、突破或運球相結合，並要注意保護球。保護球的方法是利用轉體（轉背、轉肩）、跨步、轉身和不斷移動持球的位置，把球放在遠離對手的一側。但

不能單純保護球，而是要加強攻擊，以免被動。

　　防守隊員搶到籃板球後，可在空中轉身傳球發動快攻。如不能空中傳球，則獲球後落地持球於肩上（或頭上），立即轉身，跨步用單手（或雙手）把球傳給同伴發動快攻。

大展好書　好書大展
品嘗好書　冠群可期